Célestin

Jamais sans mon casque

POCKET
jeunesse

Dans la collection « Célestin » :

* Une nouvelle petite sœur
* Je n'ouvre pas à n'importe qui !
* Je dis non aux jeux dangereux
* Jamais sans mon casque

Loi n° 49-956 du 16 juillet 1949
sur les publications destinées à la jeunesse : août 2006.

ISBN : 2-266-15862-7

Dépôt légal : août 2006.

Achevé d'imprimer en France en juillet 2006
par Pollina s.a. – 85400 Luçon – n° L99985-D

Adaptation de Caroline Tresca

Célestin

d'après Véronique Briant et Philip Glineur

Jamais sans mon casque

d'après le scénario de Dominique Debar « Les jambes et la tête »

Aujourd'hui, mercredi,
c'est une belle journée sans pluie.
Lucas a invité tous ses amis
à pique-niquer dans la forêt.
Maman a préparé le panier:
salade de fruits,
sandwichs au jambon
avec des cornichons.

Bien sûr, elle n'a pas oublié
les bonbons!

C’est Maxime, le frère de Maman,
qui se charge de toute cette marmaille.
Il sait se faire respecter,
avec lui, personne ne se chamaille !

- Lucas, s'il te plaît, avant de partir,
mets ton casque de protection.
- Non, ça me fait ressembler
à un champignon !
dit Lucas qui ne veut pas obéir.

Maman n'a pas envie de rire !

Lucas voit bien
que tous ses amis portent un casque.
Il met le sien en faisant la grimace!
Maxime donne ses conseils:
– Les enfants, pédalez doucement,
l’un derrière l’autre,
et attention aux voitures!

Lucas se met tout de suite
à la hauteur d'Emma.
Il est très excité
et essaie de se faire remarquer.

Lucas aime beaucoup Emma.
Il a décidé qu'il allait le lui dire.
Il adore ses cheveux blonds
qui font comme
un petit soleil rond !

Il aime son rire qui coule
comme une jolie rivière.
Pour elle, il fait le petit fanfaron.
- Allez, Emma, dépasse-moi !
- Tu ne veux pas plutôt un bonbon ?
propose Emma.

Lucas est très gourmand
et il ne dit pas non!
Il est si content qu'il voudrait lui dire
qu'elle est tout son bonheur.
Mais il n'ose pas car il est timide.
Et il se met à penser à son casque,
qui le rend moche et laid.

Il a honte de lui
et demande à Célestin
de l'aider à l'enlever...
- Ce n'est pas prudent! dit Célestin,
très mécontent. Si tu avais un accident?
- Je m'en fiche... Comment veux-tu
que je plaise à Emma
avec cette tête-là!

Célestin est très ennuyé:
Lucas ne change pas d'idée
et il ôte son casque.
Emma éclate de rire.
- Que tu es drôle comme ça!
- Pourquoi tu te moques de moi?
- Ton casque t'a collé les cheveux,
ça te fait un crâne...
d'œuf en chocolat!

Lucas, vexé, remet son casque
aussi vite qu'il l'a enlevé.
– Ah, c'est mieux !
Tu ressembles à un champion
maintenant !
Lucas est rassuré, et
pour épater sa belle
il se met à pédaler de plus belle.
– Tu veux un autre bonbon ?
demande Emma
qui veut le doubler.

Lucas-le-champion s'arrête tout net:
Emma en profite pour le dépasser
et, pour s'amuser,
elle fait l'avion avec ses bras.
- Tu m'attrapes, Lucas?

Lucas n'a pas envie de perdre
la course. Il accélère, et tend le bras
pour attraper la main d'Emma...
Patatras! Les voilà par terre.
Ils n'ont pu éviter un petit tas de pierres!
Lucas se relève et s'inquiète pour Emma.
- Tu n'as pas trop mal?
Je suis désolé!
- Non, c'est ma faute!
dit Emma, très embêtée.

Maxime arrive vers eux, l'air soucieux.
- Emma, tout va bien? Tu n'as rien?
Et toi, Lucas? Ouf!
Tu n'as qu'un genou égratigné!

Célestin félicite Lucas
en tapant dans ses mains.
Tout le monde continue la balade
l'air de rien!
Lucas et Emma ne jouent plus
à faire les malins.
Grâce à leur casque, ils n'ont pas
la tête en mille morceaux.

Maxime a trouvé un joli coin
pour pique-niquer.
Les enfants piaillent comme des oiseaux
sortis de leur cage.
Tous les garçons veulent s'asseoir
à côté d'Emma !

Mais elle, elle a réservé
une place de roi pour Lucas.
– Je te donne tous mes bonbons,
je te dois bien ça !
Lucas ne sait comment la remercier ;
il lui donne un baiser.

Victor s'écrie:
- Hou, les amoureux!
Emma devient rouge feu!
Victor se moque encore de son copain:

– C'est pour me protéger du soleil !

En fait, Lucas n'ose pas l'enlever car il sait qu'Emma n'aime pas sa tête d'œuf en chocolat.

Quand Emma lui fait
un petit sourire complice,
Lucas se sent au pays des délices!
Célestin s'écarte de Lucas:
dans ces moments-là, il sait être discret.
Il va aller dans le panier, à l'avant du vélo,
faire une sieste bien méritée
avec son casque, par solidarité!

– Ah! L'Amour!...
Si ça pouvait rimer avec toujours!
dit-il en rêvant en plein jour.

La page des parents, par Maryse Vaillant

Psychologue clinicienne et écrivain

Le casque, c'est cool !

Comme tous les enfants, Lucas est coquet.
Il veut plaire. Il veut aussi être pris au sérieux.
Pour lui, le casque est donc moins
une question de sécurité que d'allure, de look.
À tout âge, on prend soin de son image !
Et du message que transmet notre image.
Comment lui donner envie de porter son casque ?
Comment rendre celui-ci séduisant ?
Comment transformer un signe de protection
en un message de bravoure ?

Quelques règles à connaître

1. Porter un casque signifie être courageux et prendre des risques avec intelligence. Pour s'en convaincre, il suffit de regarder les pompiers, les hommes sur les chantiers, les motards, les chevaliers, les cavaliers. Le casque, c'est pour celui qui n'a pas froid aux yeux.

2. C'est aussi pour les filles. Les femmes casse-cou, celles qui font du rafting, du cheval, de la moto ou du roller, portent un casque. C'est le signe de leur bravoure, de leur sang-froid et de leur envie d'émotions fortes.

3. Aucun message de protection ne passe si l'adulte ne donne pas l'exemple. Ne jamais oublier le casque de courtoisie en moto. Toujours en porter un pour faire du ski, du VTT, du vélo ou du roller.

4. Aucun message de protection ne passe avec la moquerie. Personne ne veut ressembler à un champignon. Ni avoir une tête d'œuf, même en chocolat. On n'est pas ridicule avec un casque. Jamais. Celui qui est ridicule et navrant, c'est celui qui n'a pas conscience des dangers qu'il court.

5. Le casque s'arbore ! On est fier de le montrer. Insister sur la noble allure du cycliste. Montrer des photos de champions casqués, de motards, de cavaliers.

6. Porter un casque signifie qu'on est initié, qu'on connaît les dangers et les moyens d'y faire face. Celui qui est informé, averti, branché porte un casque. L'ignorant continue de se mettre en danger.

Petites astuces pratiques pour aider les parents

- Offrez un casque au nounours de votre enfant. Fabriquez-le si besoin. Surtout si nounours fait du vélo !
- Celui qui porte un casque est un casse-cou, un téméraire. Cela ne veut pas dire que ses parents sont hyperprotecteurs.
- Trouvez des dessins de chevaliers en armure, heaumes étincelants sous le soleil, des photos de pilotes de course, ou de champions de rafting.
- Laissez votre enfant les afficher dans sa chambre.
- Le casque est un accessoire de mode, les grands sportifs en portent.
- Allez avec votre enfant acheter un casque. Faites de cette démarche une grande aventure.
- Veillez à ce qu'il se sente bien lorsqu'il porte son casque.
- Renseignez-vous sur la qualité (c'est essentiel) et prenez le temps de choisir la couleur. Dites que cela lui va bien. Chaque détail compte.
- Expliquez que le casque lui donne au moins un an de plus...

- Pensez à la décoration du casque selon son goût. Tête de dragon, tigre, poisson-chat... Aidez-le mais laissez-le trouver son style. Il n'en sera que plus pressé de le porter.
- Prenez-en un pour vous-même. Votre enfant sera fier de porter un casque comme son père, sa mère, son grand frère...
- Prenez des photos de votre enfant sur son vélo avec son casque et appréciez devant lui sa fière allure.
- Demandez-lui de se dessiner sur son vélo avec son casque.
- N'oubliez pas les statistiques : les blessures à la tête représentent 10 % des chocs, 40 % des admissions à l'hôpital et 70 % des décès, selon l'INPES (Institut national de prévention et d'éducation pour la santé).

Accompagner l'enfant dans sa lecture,

par Anne Popet

Enseignante et auteure d'ouvrages pédagogiques

Comprendre l'histoire

Une fois l'histoire lue, l'enfant doit pouvoir dire avec qui et comment le groupe d'enfants se rend dans la forêt, pourquoi Lucas ne veut pas mettre de casque. Lui demander ensuite de raconter l'histoire.

Échanger autour de l'histoire

- Rappeler la réaction de la maman avant le départ en forêt et ce que dit Célestin quand Lucas veut ôter son casque. Demander à l'enfant ce qu'il en pense. Noter qu'Emma porte bien son casque et qu'elle ne se moque pas de Lucas lorsqu'il a son casque sur la tête (seulement lorsqu'il le retire).
- Remarquer que l'adulte qui accompagne les enfants leur recommande de pédaler doucement, l'un derrière l'autre, en faisant attention aux voitures. Faire constater qu'Emma et Lucas ne respectent pas ces consignes et qu'ils se livrent à une compétition. Préciser qu'une promenade à vélo ne doit pas ressembler à une course cycliste.

Approfondir

- Recenser les personnes portant un casque et en quelles circonstances (pompiers, sportifs...). Mieux comprendre ainsi pourquoi Emma dit à Lucas qu'avec son casque il ressemble à un champion (et non à un champignon). Observer que les activités pratiquées par ces personnes présentent des dangers et qu'elles imposent le port d'un casque.
- Rappeler à l'enfant qu'il doit lui- même en porter un pour des activités au cours desquelles il risque de tomber et de se blesser à la tête. Faire préciser lesquelles.